TROTOUX steven

# Les saisons du cœur

Recueil de poésie

Les éditions Books on Demand

Merci à ma famile.

Edité en juillet 2017

# Introduction

Si je peux vous donner un conseil, lisez ces vers sans attendre quoi que ce soit en retour. Je sais la démarche personnelle quotidienne et le temps qu'il faut pour avoir des résultats concrets pour vous comme pour ceux que vous aimez. La psychologie a ce mérite de pouvoir vous éclairer comme un phare dans la nuit sombre. Je ne vous décrocherai donc pas la lune, la démocratie est le résultat de l'intelligence de ses citoyens. Avec l'évolution des mœurs actuelle, mes poèmes pourraient faire la liaison entre le passé et le futur. Mais la poésie ne pourra plus avoir un écho aussi glorieux qu'auparavant. Je le crains, la chanson est née en s'inspirant des rimes entre autre et enterre petit à petit nos poètes. C'est la même chose pour le théâtre, l'art de séduire et de philosopher a muté pour le pire mais bien entendu surtout pour le meilleur. Avec le rap ou autre style d'art contemporain, la fin de cet art si éloigné des attentes de la plupart des jeunes d'aujourd'hui semble inéluctable. Les moyens de se divertir ont changé et avec eux les grandes stars, même si certains repères s'avèrent toujours indispensables. Les dernières découvertes scientifiques feront sans doute le point sur l'essentiel à savoir pour le bonheur du couple moderne. En attendant ce tournant historique, notre poésie jouera sa carte et avancera ses pions jusqu'à l'échec au roi…

## Préface

Petit, je voulais être comédien, un rêve qui me plaisait. J'ai même participé à une pièce de théâtre pendant mon enfance, puis j'ai continué plus tard en créant de courts sketchs. J'ai eu du succès auprès de mon public mais il ne s'agissait en réalité que d'un divertissement entre étudiants, un plaisir partagé pendant sa conception et lors de la représentation. Comprendre le monde qui nous entoure a toujours été une forte motivation pour franchir une nouvelle étape de ma vie. Il y a plus de dix ans, l'envie m'est venue de m'exprimer en vers, depuis la poésie me permet de présenter mes coups de cœur. Un renouveau de ma volonté de participer à la vie publique par la création artistique. La plupart de mes poèmes ont trois strophes, ils sont conçus à partir de la symbolique du chiffre trois, de la Trinité par exemple; de même les quatrains sont très utilisés par les poètes, est-ce un hasard? Peut-être. Pour quoi? Pourquoi pas? La démarche scientifique pourrait répondre à certaines de vos questions. Toutes mes figures de style s'inscrivent dans une continuité, permettant à l'ensemble une cohérence et une logique concrète parfois abstraite. La couverture de ce premier livre a été faite à partir d'un de mes tableaux inspiré d'une photographie. Avec humour, autodérision (indispensable) et un peu de philosophie, j'espère stimuler les esprits.

## Table des matières

| | |
|---|---|
| Introduction .................................................................. | 3 |
| Préface ........................................................................ | 4 |
| Table des matières ...................................................... | 5 |
| Table (suite) ............................................................... | 6 |

| | |
|---|---|
| Elle et moi? ................................................................ | 7 |
| Pour un flirt avec toi .................................................. | 8 |
| Est-ce « L »? ............................................................. | 9 |
| Je t'aime tellement .................................................... | 10 |
| Une naissance ........................................................... | 11 |
| « C » moi… ............................................................... | 12 |
| Pleure pas bébé ......................................................... | 13 |
| SMS d' « L » ............................................................. | 14 |
| Au nom du père et du fils ......................................... | 15 |
| J'essaierai ................................................................. | 16 |
| Le divin enfant .......................................................... | 17 |
| Clémentine ................................................................ | 18 |
| To be .......................................................................... | 19 |
| « L » a pas envie ...................................................... | 20 |
| La fontaine est bouchée ........................................... | 21 |
| Peut-être .................................................................... | 22 |
| Eteins ton ardeur sinistre ......................................... | 23 |
| Trois cœurs ............................................................... | 24 |
| Ton jardin d'Eden ..................................................... | 25 |
| Pour quoi? Pourquoi pas? ........................................ | 26 |
| « L » oublie .............................................................. | 27 |
| Mon oasis .................................................................. | 28 |

| | |
|---|---|
| Quel espoir? | 29 |
| Parmi d'autres | 30 |
| « L » | 31 |
| La plante carnivore | 32 |
| Promets-moi | 33 |
| Ça déménage | 34 |
| Une nouvelle voie | 35 |
| Le corps beau | 36 |
| Notre exode | 37 |
| Quand la coupe est pleine | 38 |
| Le petit jésus | 39 |
| Encore de ma faute | 40 |
| Est-ce toi? | 41 |
| Le cœur a ses raisons que la raison ignore | 42 |
| Ange et démon | 43 |
| C'était hier | 44 |
| Comme toi | 45 |
| C'est quand le prochain? | 46 |
| Ça donne envie | 47 |
| L'eau ça mouille | 48 |
| Peut-être pas | 49 |
| Hasard et coïncidence | 50 |
| Quelle vie de chien | 51 |
| Encore? | 52 |
| La séparation? | 53 |
| Au bal? | 54 |
| Désir ou fiction? | 55 |
| Le doute | 56 |
| Mon cœur était malade | 57 |
| Tu ne m'as pas compris | 58 |

**Elle et moi?**

Une seule idée m'inspire,
Dans ses yeux tout oublier.
Et avec elle m'enfuir,
Dans un long rêve éveillé.

Mais je ne veux pas lui dire,
La force de mes désirs
Secrets, pourtant exaltés,
Drôle de réalité.

Il a suffi d'un sourire,
D'un geste lent distingué.
Pour que sa chaleur m'attire,
Avoir envie de draguer.

**Pour un flirt avec toi**

Devra-t-on commencer à s'enlacer?
Telle une drogue nous rend prisonnier,
Juste, on était dans le même panier.
Sera-t-il possible de s'embrasser?

La nature nous a donné cette chance.
On pense à elle en hiver comme en été,
Elle est cherchée, comme une nécessité,
Pour son odeur, sa saveur, sa jouissance.

Comme de petits joyaux de sensations,
Ou des cadeaux que je ne saurais refuser.
La peau que je nous invite à apprivoiser,
Engendrera tout un lot de tentations.

**Est-ce « L » ?**

La nouvelle chercheuse de querelles,
C'était toi chère Estelle,
Quand mon intérêt se détournait d' « L ».
Alors, ce sera elle?

Celle qui me révèle,
Du lever jusqu'au coucher du soleil.
Celle qui me morcelle
Du bout des lèvres, pour que je m'éveille.

Elle, qui est si belle,
Ses cheveux blonds et le bleu de ses yeux.
Elle qui ensorcelle
Avec son charme, je peux voir les cieux.

**Je t'aime tellement**

Montre-moi ton cœur, je t'offrirai les fleurs que tu espérais tant,
Et les baies d'or qui parfumeront ton cou pour éblouir le monde.
Tu te sentiras de nouveau apaisée, et aimée tout autant,
Pendant que dehors le déluge s'acharne et le tonnerre gronde.

Viens dans la chambre ma chérie, tu sauras rayonner
Pour pouvoir enfin féconder la flore sillonnée.
Pas à pas, nous progresserons vers les plus hauts sommets,
Peu importe le temps qu'il faudra, on ne sait jamais.

Tu pourras pardonner mes fausses erreurs,
Celles faites à mes dépens contre toi,
Des engagements attestés de nos doigts,
Avec quelques effets pour raisons majeures.

**Une naissance**

Quelle joie notre bébé, un peu angoissé,
Il est merveilleux, il changera le passé.
Il occasionne beaucoup de nostalgie,
Par son envie de chérir maladroite et sage.
D'une manière ou d'une autre, il aime, il partage
Son intelligence parfois avec magie.
Je suis lui pour nous trois, par amour, il est moi.
Tu es lui aussi, et pour créer il est toi.
Le monde devra entendre nos vérités.
Il attirera les regards par sa beauté.
Le futur lui tend les bras pour nous enchanter.
On le protégera pour semer la bonté.

**« C » moi…**

Tu me connais, maintenant, sois plus détendu.
Mes embarras momentanés inattendus,
Peux-tu les voir, éviter un compte-rendu.
Ça donne un sentiment de plaisir défendu.

Je le sais à présent, « L », je t'ai dans le sang.
En tous cas, je suis flétri quand tu es absent.
Des heures à espérer ton humour grinçant,
Et aussi tes supers pouvoirs hyperpuissants,

Devrais-je seulement parfaire ma science,
Pour avoir la tranquillité de mon altesse?
J'ai également fait preuve d'impatience,
Ainsi qu'un certain manque de délicatesse.

**Pleure pas bébé**

Dans ce monde réel et puéril,
Par nos implications infantiles,
Il y aura les mystères possibles.
Et des besoins sont jugés inutiles.

L'enfant secret s'entretient avec l'adulte en devenir,
Avec les pleurs marquant une grande crise à définir.
Ce combat constant déstabilise, au moins, pour en finir,
Si ce n'est pas l'un c'est l'autre qui construit bien l'avenir.

Le dialogue devra s'instaurer entre la malice et l'autorité,
Cédant la place à la volonté de s'améliorer, de recommencer.
Le manque de moyens pour réunir est au cœur de la contrariété,
Du sentiment d'injustice, les cohérences sont donc vraiment inversées.

**SMS d' « L »**

Je ne suis pas celle qui changera les choses,
Si tu ne m'aides pas à m'élever, oui, j'ose.
As-tu pensé à nos engagements intimes?
Avec patience, nous sommes moins minimes.
Dis-moi comment tu comptes supprimer nos maux.
Dis-le moi comme je t'envoie ces quelques mots.
Dis-le moi sans réfléchir, ce qui t'inquiète.
Dis-moi juste je t'aime grâce à internet.
Peux-tu devenir encore plus responsable?
Même si l'infidélité nous séduira,
On ne doit pas pour autant se sentir coupable,
Peut-être, notre relation brillera.

**Au nom du père et du fils**

Un, son c'est parfois un art,
Pas de notes sans savoir,
Les oiseaux, un beau chat noir.

Deux, jeux pour faire attention,
Stimulons la réflexion,
Avant une vraie passion.

Trois, il faut passer à l'action,
Pour tenter une explication,
De vulgaires feuilles de brouillon.

Quatre, grands dessins d'hier,
D'autres raisons d'être fier,
Quelques fruits bien mûrs du père;

Cinq, un commentaire s'impose,
Mes créations indisposent,
Nos saisons rechangent les choses.

Six, vérités pour être sympa,
Différents résultats pourquoi pas,
Des vieilles boissons qu'aime Papa.

**J'essaierai**

De te rassurer comme ta grand-mère,
En te prescrivant la douceur qui sert,
Pour changer mes âneries en lumière,
Et vous aider à sortir de l'enfer,

De t'apporter un esprit rigoureux,
En te soufflant ce qui rend valeureux,
Pour être aimable, si possible heureux,
Et bâtir des souvenirs généreux.

**Le divin enfant**

Ce soir, on aura cours de cha-cha-cha.
Au fait, il est reparti où le chat?
Celui-là alors, vraiment, quel pacha.
Bah, tu vois bien que j'ai fait des achats.

Son passe-temps favori, c'est jouer,
Pas difficile de l'amadouer.
Dès qu'il aura pu caresser le chien,
Il viendra, ne t'énerve pas pour rien.

Pourquoi tu ne finis pas tes devoirs?
Tu as des trucs à faire, c'est à voir.
N'aie pas peur, ton père est magicien,
Il va pouvoir t'aider. Tu le sais bien.

**Clémentine**

C'est notre chatte, elle va donc où elle veut.
Elle n'a pas froid aux yeux, donc sauve qui peut.
On essaye de l'aider mais c'est toujours trop peu.
Quand elle part, on se tracasse, c'est nerveux.

Une solution serait un amoureux,
Malheureusement, elle nous parle en hébreux.
En tous cas un être gentil ou généreux,
On n'a pas envie d'un futur aventureux.

Sur ce sujet, on se montre très sourcilleux.
A force ça pourrait devenir ennuyeux,
Avec son passif pour le moins non glorieux.
C'est pourquoi ses miaulements sont sérieux.

**To be**

Celui-ci, c'est notre grand chien
D'aveugle et il va plutôt bien.
Dès fois il court après sa queue,
Il est loin d'être belliqueux.

On se comprend vachement nous deux,
Grâce à nos paroles et nos actes.
Il doit quand même manquer de tact,
Envers lui-même se jouant d'eux.

Le monde était tellement dangereux,
Pour notre poisson rouge savoureux.
Quand il aboie, au moins lui, on l'entend.
Sauvez Willy, c'est sûr ça c'est tentant.

**« L » a pas envie**

Comme si ça allait arranger les choses, un peu d'amour c'est interdit.
Il y a de l'eau dans le gaz, on aurait pu en parler, on ne s'est rien dit.
Pas d'attention particulière, de regard coquin, complice, gentil,
Même pas de petits bisous, rien, elle me délaisse petit à petit.

Car le dégoût aurait touché le cœur malheureusement,
Révélant des secrets maintenus dans son inconscient.
Les aberrations nous blesseront insidieusement,
Des rancunes développées en étant insouciant.

La magie de l'instant que l'on semait.
Moi qui pensais que cela lui plairait.
Partager ensemble ce qu'on aimait.
La délicatesse que j'espérais.

**La fontaine est bouchée**

Il n'y aurait donc plus de nuages là-haut?
L'eau claire ne sort plus,
Par tout une multitude de longs canaux,
De la roche fendue.
Impossible d'égaler son don brut, trop beau,
Voulue pour ses vertus
Du monde entier qui prolonge notre réseau.
Jusqu'ici un peu bue,
Cette boisson était conçue avec brio.
Le lien est rompu,
En raison d'éléments n'y voyant qu'un tuyau,
La source a disparu.

## Peut-être

J'aurais peut-être dû vraiment rester attentif, déterminé, face aux pièges dissimulés.
Le diable est dans les détails, l'habileté ou le cafard ne suffisent pas pour se pardonner.
Les nouvelles indications et épreuves stimuleront pour s'aimer, se passionner.
En devinant les réponses aux questions, les mauvaises décisions seront annulées.

J'aurais peut-être dû réfléchir à toutes oppositions s'avérant consensuelles.
Il est à coup sûr plus facile de nous distraire que de suivre des voix sous-estimées.
A force de s'autocensurer par les nombreux crève-cœurs, des attentes inexprimées
Naissent des doutes devenus insignifiants de l'insatisfaction habituelle.

J'aurais peut-être dû oublier. Ton émotion, comme si c'était sans importance.
Mais pourquoi persister à abandonner ou rabaisser ce qui troublerait l'existence,
Sûrement avec des plaintes, des vices espérés, des serments désenthousiasmées.
Je ne suis pas un ange et le monde ne devrait pas proposer d'incidents fantasmés.

**Eteins ton ardeur sinistre**

Si tu peux tenter de faire gentiment la pluie et le beau temps,
Sans être égaré par la vie nous étonnant toujours trop souvent.
Si tu peux prévoir la chute d'un fruit par la gravité, le vent,
Sans perdre ton sang-froid quand la justice aura agi ou s'entend.
Tu pourras nous faire rêver.
Si tu peux faire abstraction de tes évidentes capacités,
Sans laisser de côté une raison certaine, par nécessité.
Si tu peux te pardonner tout le mal que tu sèmeras malgré toi,
Sans arrêter de chercher quelle erreur contribue à rester pantois.
Tu pourras nous faire rêver.
Si tu peux défendre la vérité avec sagesse, efficacité,
Sans prétendre être le sauveur des tiens voire même de l'humanité.
Si tu peux devenir ce pourquoi le Créateur t'aurait prédestiné,
Sans en retirer de prétention ni regretter les rêves fanés.
Tu pourras nous faire rêver.
Si tu peux être le seul opposant que tu cherches avec avidité,
Sans trahir dans la nuit lugubre ceux qui font battre ton cœur et le calmer.
Si tu peux ouvrir tes yeux chaque matin avec envie, curiosité,
Sans négliger ce qui nous fera vraiment avancer et un jour orgasmer.
Tu pourras nous faire rêver.
Si tu peux être en accord avec toi-même, changer ta colère en bienveillance,
Sans se faire berner par les apparences qui parfois perdent leurs attirances.
Si tu peux cesser de blâmer autrui avec incertitude et insuffisance,
Sans nier que chacun s'améliorera malgré une certaine ignorance.
Tu pourras nous faire rêver.

**Trois cœurs**

Un coeur pour la vie qui embrassera tout.
Celui qui nous marie, nous conseillera.
Jamais, au grand jamais ne nous trompera,
Mais qui est vraiment indifférent partout?

Un fragile et délicat, au dessous, flou,
Combatif et un peu gauche, il se démène
Pour embellir avec plaisir son domaine.
Il est surmené par moment et jaloux.

Un de chair et de sang, sans aucun tabou,
Il irrigue seul et constamment sa vigne.
Unique par nature, il fascine, digne,
Sans doute pourras-tu ressentir son pouls.

**Ton jardin d'Eden**

Pour commencer j'irais me perdre dans tes yeux envoûtants.
J'effleurerai lentement tes longs cheveux de blé, d'avant,
La prochaine goutte faisant fleurir ton air excitant,
Avec l'ondée de bonheur modelant ton masque émouvant.

Même si la richesse de ton terroir complémentaire,
Etait et reste forcément pour nous au moins salutaire.
Ton petit royaume fructueux nous rend trop sédentaire,
Je me sens de plus en plus décalé comme un ver de terre.

Si le temps nous le permet, j'explorerai tes belles dunes,
L'oasis réservé à ton vacancier sans fortune.
Je trouverai un moyen sûr d'être ta nouvelle lune,
Eclairant tes marais humides inondant la rancune.

**Pour quoi? Pourquoi pas?**

Belle rêveuse, elle se tient là devant moi,
Dans le wagon 14 à moitié vide et froid.
Je ne sais si elle pourra m'aimer ou pas.
M'amusera-t-elle quand on se reverra?

Je l'aperçois un peu et déjà je vacille.
Nos regards se perdent, se croisent et pétillent.
Je la devine, dévisage, déshabille.
Je l'emmènerai bien avec moi cette fille.

Pourtant, les cœurs assoiffés nous restons assis.
Attendant l'un ou l'autre, que cesse l'ennui,
Si présent dans nos vies qui fatigue, et détruit
Même les évidences petit à petit.

**« L » oublie**

N'oublie pas nos charmants fous rires,
Qui devraient, souvent, nous retenir.
N'oublie pas mes simples sourires,
Qui donnaient l'envie de revenir.
N'oublie pas peut-elle attendrir
Qui réclame plus de souvenir?
N'oublie pas pour se réjouir,
Que la vie ne sait pas obéir.
N'oublie pas le réel soupir,
Que la solitude a fait jaillir.
N'oublie pas surtout de lui dire,
Que notre amour ne doit pas mourir.

**Mon oasis**

En puisant dans mes réserves, je verse la ressource essentielle,
Pour éviter les pièges, conflits ou virus d'être fonctionnels.
J'engage des travaux divers, extérieurs opérationnels
Sans, si possible, attendre d'autrui l'impossible ou une aide du ciel.

Mon jardin est riche en matières premières et en diversité,
Mystérieux aussi, normalement seulement par nécessité,
Les pensées, les fruits de la passion, les chrysanthèmes, le pêcher,
Laissera la possibilité aux cultures de s'amouracher.

Eclairé par la science préservée avec sagesse et pouvoir,
Chaque averse devrait me laisser le champ libre à un nouveau savoir.
Certainement à de nombreux grands changements que je veux percevoir,
Ma ferveur, une indulgence certaine aurait pu nettement se voir.

## Quel espoir?

Très jeune on peut regrouper un vrai savoir hétéroclite pour philosopher.
Du sommet à la base, les sciences s'imbriquent, se soudent pour éduquer.
En observant le monde qui nous entoure, on trouve souvent des trésors cachés.

Pour éviter les dangers, l'obscurantisme, l'état opère collectivement.
Chacun peut se rendre utile quelques soient les exigences de l'environnement.
La justice ne sert pas que la démocratie, elle détermine un changement.

Être prêt à d'autres vues, mais aussi à entreprendre une démarche inaccoutumée,
Permettra d'investir des moyens indispensables dans un univers inexploré.
La culture, l'information préparent un terrain propice à la ténacité.

Le respect de l'orientation, des règles aident quiconque à arriver à bon port.
Certaines étapes seront sûrement franchies avec des pressentiments plus ou moins forts.
Écouter les conseils imagés ou non, de différents experts améliore nos sorts.

La vérité est quelquefois difficile à concevoir, à croire et bien entendu à gérer.
En trouvant d'autres issues, explications, de nouvelles possibilités, nécessités,
Les portes ouvertes sur un monde inconnu, des débats intenses pourront être à ordonner.

Épousez l'idée d'une réalité autre, d'une renaissance de la pensée, de la foi.
Créez des repères révolutionnaires, sauvegardez les avancées quelles qu'elles soient.
Les nations, les recherches, les symboles, les devises appuieront les réformes et les lois.

**Parmi d'autres**

Nous avons pénétrés dans ce lieu,
S'y trouveront toujours mille feux.
Eclairant le phare de tes yeux,
Qui brilleront bientôt pour nous deux.

Dans l'espoir qu'elle ait redéfini,
Le sens déguisé de nos envies.
La beauté absolue de la vie,
L'adoration qui nous unit.

Je l'amusais alors dans l'allée,
A la recherche de nouveautés.
C'était comme une nécessité,
Une nouvelle façon d'aimer.

« L »

Donneras-tu ta plume pour écrire un mot?
Discrète voire effacée, restant indocile
Vis-à-vis des mauvais joueurs, des imbéciles,
Ma constellation est celle des gémeaux.

Je tire des ficelles pour glaner ton miel,
Maladroitement, à cheval sur mes principes.
Quitte à mordre à l'hameçon mais je participe,
A différents échanges confidentiels.

Elle a parcouru le monde désappointé,
Sans perdre le ravissement de son sourire,
Avec le don, la force de pouvoir régir,
Soulager par des baisers les calamités.

**La plante carnivore**

Elles sont douces comme la guillotine.
Le monde végétal joue avec ses charmes,
Aussi précis, efficace que du sperme,
Recherchant le soleil, gare à la latine...

Qu'est-ce qu'Itzamma ou Hathor me réservent?
On dit qu'ils châtiront autant qu'ils guérissent.
Directement ou non, il nous avertissent.
Finirais-je dans les filets de leur verve?

En permanente harmonie avec le monde,
Elle paraît aussi bête qu'une fronde.
Pourtant devant elle, les prétendants fondent,
En voyant sa belle noirceur si profonde.


(<u>Itzamma</u>: Dieu maya, il apparaît parfois sous la forme d'un énorme serpent qui représente le ciel, et dont la bouche crache à la fois la pluie fécondante et le déluge.
<u>Hathor</u>: Divinité égyptienne de la vache, considérée comme l'oeil de Rê pouvant châtier les humains, mais elle est plus connue en tant que déesse des festivités et de l'amour)

**Promets-moi**

Même si notre quête n'était pas au point,
Que les quiproquos ne fassent effet sur rien,
Simplement offrir des vrais choix et plus de soins,
Tel un prétendant de nos droits de citoyens,
Pour abolir l'excès de colères au moins,
Même si le destin sépare, l'amour restera le lien,
Que les autres iront bien jusqu'à destination ou très loin,
Simplement, ne jamais laisser le malin assurer son maintien,
Tel un frère de sang de rester vrai et dévoué si besoin,
Pour les enfants, cette distance sera plus perçue comme un bien.

**Ça déménage**


Grâce à mon ordinateur de bord, j'ai trouvé mon nouveau toi.
L'excitation monte en mettant l'eau dans la tuyauterie.
J'enfonce la clé, profitons enfin du point de vue chérie.
Quelques vêtements, c'est le grand déballage en restant courtois.

T'as trouvé la lumière? Il fait un peu trop sombre, on dirait, non?
Qu'il est bon de faire ses besoins, quand l'envie était très grande.
Et on va pouvoir tester la nouvelle literie sinon?
Mon miroir reflète par chance un postérieur en demande.

Un peu de rangement s'impose, maintenant, c'est le bordel.
Un coup de balai dans l'intérieur en bon père modèle.
Clémentine? Je donne à manger à ta chatte? Sûr, vraiment?
Hé hop, c'est la douche, chaude, qui nous détend sensiblement.

**Une nouvelle voie**

M'indiques-tu à coup sûr le bon endroit?
En t'écoutant se peut-il que je me noie?
Quelle trahison ton prestige sournois.
Combien de bonimenteurs sont maladroits?

Dangereuse, maligne, tu nous fourvoies.
Qu'il est rassurant de n'entendre que toi.
N'est-ce qu'une illusion que l'on côtoie?
Et tu devrais aussi donner de la voix,

Si tu peux quiconque bouscule les droits.
La mort s'étend tellement par désarroi.
Je serai attentif, la prochaine fois,
A tous tes détails encourageant la foi.

**Le corps beau**

Sera-t-elle vêtue de noir cette fois-ci?
Une chose est sûre, il ne la voit pas ainsi.
Lui, qui volera vite au secours de sa belle.
Pour qu'elle devienne un tout petit moins rebelle.

Il n'est pas si bébête et pas non plus hideux.
Il suffira d'un rapprochement hasardeux.
Voilà de la tendresse sans prise de bec,
Et la tension retombera aussi sec.

Quelle joie elle pourra rester émotive.
Enfin une réelle action positive
Et la simple discussion sera permise.
L'imbécilité n'a jamais été admise.

**Notre exode**

Partons d'ici, sur le champ, vite, ma chérie.
Tu le vois bien, c'était une terre amoindrie
De sa puissance légendaire, et anoblie
Par l'oppression et un déluge de pluie.

Laissons-nous guider par les gens ou les grenouilles.
C'est facile, pour nous deux mais ça fout la trouille,
Le Nil, les serpents, les crocodiles, aïe, ouille.
Je préfère encore les cloches, les gargouilles.

Et puis les cigales tout le long de la Seine,
Les dieux sont là aussi, "miaou", c'est obscène?
Nous serons bientôt de vrais fauves sur la scène,
Cela nous suffit, le temps de fuir notre peine.

**Quand la coupe est pleine**

Les gouttes d'eau se sont de nouveau frayées un petit chemin,
A travers l'architecture non considérée par certains.
L'abri de fortune aurait été sali par le temps chagrin.
Le vase avait débordé de pourritures sur le satin.

Les parents et leurs enfants étaient tous de fin politicien.
Les égarements, la sottise a fait son œuvre dans le lointain.
La vengeance s'est évaporée, la justice de quelques-uns?
L'ivraie, le raisin de la colère fait encore tout un foin.

Les élus n'étaient pas à l'abri. Le ciel est donc devenu malsain?
Pourquoi tant de haine et d'horreurs, le pardon nous parait si enfantin?
Le feu dessèche puis brûle sur son passage les petits coquins.
Ceux qui portaient des épines empoisonnées évidemment, crétin!

L'incendie a liquidé l'agneau, et même le loup du pays voisin.
Quel temps de chien, on a donc tué la chatte, le cochon et le lapin.
Pour l'occasion, ils avaient été savourés avec hâte et entrain.
Du coup, le saumon et l'étoile de mer agonisent avec le chien.

**Le petit jésus**

C'est trop facile de nous donner des leçons.
Ne devenez pas comme sourd sans vraies raison.
Vous êtes loin de la bonne solution.
Et pourquoi toutes ces armées de questions?

Qui me dit que tu nous protégeras?
On m'a dit, c'est celui qui dit qui est.
Alors fais gaffe quand tu parleras...
Pardonner leur faute, c'est déjà fait.

C'est vrai, c'est sûr, ce n'est pas moi,
C'est eux les méchants, ça se voit.
Les autres sont vraiment narquois,
De l'empathie ça sert à quoi?

**Encore de ma faute**

Mon petit doigt m'a encore dit que tu t'es trompé.
Je suis obligé d'être gênante depuis des mois.
C'est peut-être très grave, qu'est-il arrivé? Dis-moi.
Tu as été vilain à mon avis, on t'a dupé?

Contrairement à toi j'avais fait attention, normal.
Je sais ça doit être trop difficile, tu t'y prends mal.
C'est moi qui devrais avoir le mauvais rôle d'après toi!
Comment oses-tu me traiter ainsi? Tu n'as pas le droit!

C'était quand même toi qui m'as critiqué, agressé, mon cœur…
Tu as eu tort d'avoir raison mon ange, ou démon, t'es d'accord?
Comment pourrais-tu savoir plus que moi mes réelles erreurs?
Ne me ridiculise pas en ayant raison d'avoir tort!

**Est-ce toi?**

Ne les écoute pas car ils mentent,
On est dans l'embarras, ils se vantent
En nous critiquant, ils s'en contentent
De dire de toi, elle est méchante.

Regarde-les, ils cherchent l'erreur,
Pour te faire du mal, ils ont peur.
Ils ne font rien pour être meilleur,
Et en plus diffusent des rumeurs.

La colère, sombre conseillère,
Etait donc la bonne cavalière,
Pour répandre toute sa lumière,
Sans jamais être la meurtrière.

**Le cœur a ses raisons que la raison ignore**


Cette fois, la faute ne sera pas la mienne.
J'ai des défauts, certes, mais tu veux l'impossible.
Je voulais lui parler gentiment, c'est risible.
Tu ne trouves pas? C'est quand même de la haine.

Essaie de te calmer pour voir, faire l'inverse
Lorsque tu t'énerves, pour des raisons diverses.
Tu auras besoin de courage, c'est pénible.
Les voix de la sagesse étaient inaccessibles.

On n'est pas parfait sinon cela se saurait.
Tant pis, on verra plus tard, je m'excuserai
Pour lui avoir dit des bêtises inutiles.
Mais j'en ai assez des discussions stériles.

**Ange et démon**

Notre soleil commun pourra être généreux.
Il nous éclaire comme mon parcours sinueux.
Le territoire est sûrement plus majestueux.
La lune sera grande, le temps, lui, ténébreux.

Impossible d'y échapper, l'ombre est liée aux lois.
Pour le bien, le mal elle trahit, étonne, pourquoi?
Je l'oublie parfois mais elle a un effet malgré moi.
Double visage et double langage, ça nous déçoit...

Alors forcément on en viendra à programmer le pire.
La vérité est-elle toujours bonne à entendre, à dire?
Inévitablement, des problèmes à approfondir
Seront extériorisés, visibles pour déguerpir!

Cet autre que j'étais aussi sans le vouloir ou le savoir,
Projetait une étrangeté, un immense réel pouvoir.
Indispensable peut-être, désagréable quelques soirs,
Quand la maîtrise s'efface complètement par désespoir.

**C'était hier**

Pourquoi j'ai reçu ce message sur mon portable?
Elle m'a dit qu'elle ne croyait plus à mes fables.
Que nous vivons, en plus, une histoire trop banale.
Elle rechercherait plus qu'un amour à cinq balles!

Sans toi, j'étais plutôt, un ours dans le Finistère,
Un peu paumé comme des girafes en Isère,
Aussi pâle et vert qu'une créature des mers.
Quelle misère, j'ai tout essayé pour lui plaire.

**Comme toi**

Après les plaintes contradictoires,
Les doutes sans vraies utilités,
Les accusations illusoires,
Les autocritiques avortées,
Les colères injustifiables,
Avec des prétextes pitoyables,
Ce serait mieux de nous séparer.
Nous ne faisons que nous dévoyer,
Malgré les espoirs que nous avons,
De chercher une solution.
Profitons de cette occasion,
Une nouvelle direction.

**C'est quand le prochain?**


Le train de nos désirs est une fois encore passé,
Me reste alors sur les bras tous mes rêves inacomplis.
A cause de ce que je n'ai pas su accepter, compris.
Pourtant la vie nous avait avertit, je crois, bien assez.

L'hypocrisie, la censure, le mensonge nous meurtrit.
Tellement de chemins peuvent camoufler des ennemis,
Laisse le temps redevenir ton frère, ou bien ton ami.
La vie te donnera, je pense, ce que tu n'as pas pris.

Trop de beaux rêves d'aujourd'hui et de demain s'entremêlent.
Pour que le temps ne prenne le pas et bien sûr ne s'en mêle.
Et fasse que je m'éloigne malheureusement de celle,
Supposée pouvoir préserver mon attachement pour elle.

Quoiqu'il en soit, tu vis ta vie bon sang, oses-tu souvent?
Mais qu'elle te mène dans le lit du couchant, du levant,
Suis tes envies et profites-en ou sinon prends ton temps.
Tu iras là où ton cœur te dicte de vivre l'instant.

**Ça donne envie**

D'apprendre à patienter pour semer le grain de l'allégresse,
D'apprendre à prévenir vraiment les choses par la gentillesse,
D'apprendre à reconnaître ses faiblesses et ses maladresses,
D'apprendre à lire sur les visages la claire joliesse,
D'apprendre à se préoccuper des animaux par la tendresse,
D'apprendre à dire vraiment les choses bien avant la vieillesse,
D'apprendre à regarder le monde autrement avec des caresses.

**L'eau ça mouille**


Je te sais cultivé et bien sûr aussi pleine de retenue,
Dans ce climat de confiance glacial, le chemin est long.
Des chutes seront au rendez-vous avec ou sans nos étalons,
Garderons-nous nos parapluies avec tous ces éclairs malvenus?

Le crachat de nos régions humides, un poison censé,
A la claire fontaine, l'impression de m'être tué.
L'eau est si pure mais se transforme encore en dépression,
A croire que nous sommes à l'abri des inondations.

J'aimerais tant éclairer ta tempérance lunatique,
Avec la prudence de ton ciel capricieux, magique.
Ta timidité temporaire te fait perdre le nord,
L'ombre de tes précédentes tempêtes te suit encore.

**Peut-être pas**

Caresse-la encore.
Tu te chercheras à travers ses erreurs.
Tu te perdras parfois dans sa profondeur.
Tu t'innocenteras avec ta noirceur.
Tu te maudiras ainsi par ta candeur.
Caresse-la encore.
Je devrais sûrement rester ton penseur.
Je pourrais être apparemment ton aigreur.
J'avais peut-être aussi eu de l'épaisseur.
Je n'ai recherché d'ailleurs que ton bonheur.
Caresse-la encore.
Tu verras qu'elle t'accorde ses faveurs.
Tu auras entre tes mains de la grandeur.
Tu le feras en doutant de son ardeur.
Tu pourras quand même pressentir son cœur.

**Hasard et coïncidence**

N'est-ce pas un peu étonnant et alarmant?
Que le hasard soit quasiment inexistant,
Dans notre quotidien souvent si déroutant,
De coïncidences et de retournements.

En y pensant on se surprend vérifier, trembler,
Ce qui façonne en vérité notre réalité.
Un monde cruel crée en toute simplicité,
Par le mélange de facilités dissimulées.

Belle mécanique, même l'acte d'amour en est le fruit.
Il faut y croire car la vie t'aidera si tu lui souris.
A quoi bon nous juger, attarde-toi un peu sur tes soucis.
Tu pourras, j'espère, alors reprendre des forces sous la pluie.

**Quelle vie de chien**


Même si tu as la chance d'avoir un toit,
Qui que tu sois, ma bien-aimée, où que tu sois,
Tu auras toujours quelqu'un au-dessus de toi.
Tu seras aussi son vassal quoiqu'il en soit.

Ne pense pas aux obstacles que tu franchiras.
Sauf désespéré, lorsque tu es près des ennuis,
Tu verras tout le travail que tu nous fourniras.
Peut-être tu préfèreras prolonger la nuit.

Où que tu ailles, bébé, la vie te transportera.
Et par moments, tu pourras voir ce qu'elle enfantera,
Avec une intelligence qui te détournera,
De tous ces cauchemars contre lesquels tu te battras.

**Encore?**

Parle-moi.
Je ne contrôle pas le superflu,
Les sous-entendus ne suffisent plus,
Le quiproquo peut être résolu.
Parle-moi.
Cessons cette dispute inutile,
Et puis nos malentendus débiles,
Toutes ordonnances malhabiles.
Parle-moi.
Tentons des abracadabras,
Viens là, pour me tendre les bras,
Tu vois, on se pardonnera.
Parle-moi.
Quel est donc ton désarroi,
Ton problème, je te crois.
Pourquoi le silence est roi?

**La séparation?**

Ce serait un rêve à vivre absolument, un délice,
Par la légèreté de l'inconscience maligne?
Je préfère garder des souvenirs de nous plus digne.
La vie est exigeante, combat-on les maléfices?

Il faut privilégier nos affinités externes.
Le temps passe en laissant dans son sillage des ruines.
Serons-nous plus marrants en nous retirant nos épines?
Les veillées ne doivent pas devenir aussi trop ternes.

Ma garde-robe parait assez fantasmagorique,
Je pourrais tous nous distraire, mais tu ne m'as pas cru.
Danserons-nous sans l'inélégance de l'incongru?
Nos chorégraphies se changeront en ballet tragique…

**Au bal?**

Sur moi je porte des habits étincelants,
Nombreuses sont mes émotions, mes talents.
J'ai parfois la tenue du pauvre paysan,
Et tous mes pouvoirs sont plus que satisfaisants.

Moi, cette soirée risquera de me troubler.
L'insaisissable peut à nouveau nous duper,
Je ne suis pas sûr de pouvoir le dissiper.
La vérité est difficile à dévoiler.

Ça ne sera pas important derrière un loup.
On se contente d'un cœur un peu fou, avoue,
Sans cesse attentif et encore au garde-à-vous.
Là, il me devance en me laissant dans le flou.

**Désir ou fiction?**

Tout le monde possède sa part d'ombres, en lui, évidemment.
Quelques soient ses pulsions, nous réfléchissons tous différemment.
Mais elles peuvent être considérées comme un emportement.
Ces caprices compréhensibles, ou non, choquent en alarmant.

Les répétitions de ces désirs impolis peuvent s'expliquer.
L'invraisemblance ajoutée à la fantaisie et à la vérité,
Nombreuses sont les oppositions cultivables archiconnues,
Augmentant par l'ignorance ou la naïveté, les déconvenues.

Se faire leurrer n'empêche pas dans le futur les suppositions.
Les indices infertiles sont suivis par de vraies propositions,
Pour éclairer tous les pèlerins avec de petites attentions,
Et continuer de faire partie du paysage par passion.

**Le doute**

N'est-ce pas plutôt ta tristesse qui me gêne,
Ma détresse qui dérange aussi et me peine,
Ta distance avec ton silence qui me freine?
Tous nos lapsus ou nos alertes restent vaines.

Les étourderies éclaireraient notre effort?
Seul le malaise redevient vraiment plus fort.
Moi qui voulais t'aider, et t'aimer plus encore,
La fatalité impose ses désaccords.

Tous nos desseins masqués avaient, certes, un sens.
Dont l'amour révèle peu à peu l'élégance.
Se parler suffit pour notre persévérance.
Ta froideur ne modifie pas ma complaisance.

**Mon cœur était malade**

Pitié, laissez-moi l'ambiance m'est trop hostile.
Me bousculer ou me conseiller est inutile.
Je pleure les victimes quel qu'en soit le mobile.
C'est une blessure passagère, indélébile.

L'heure était déjà fixée, quelle drôle d'histoire.
Comme tous les deuils créant encore des déboires,
Diffusant l'amertume d'injustice illusoire,
Leur rendre hommage fut une sorte d'exutoire.

Bientôt je pourrais vous retrouver pour vos sourires.
Je délaisserai ces confusions pour détruire.
Mon âme possède le pouvoir de me séduire.
La solitude est un moyen de me découvrir.

**Tu ne m'as pas compris**

J'en ai vraiment marre de devoir tout supporter,
Et tu es vraiment disposé à tout bousiller.
Si ton amour est « périmé » pourquoi s'entêter?
Devrons-nous continuer à s'auto-décrier?

J'ai la sensation de parler dans le vide…
Notre ménage ne peut plus durer ainsi.
Mes sages résolutions étaient rapides,
Pour que nos reproches soient en fait adoucis.

Tant pis, je crois que tu ne t'en pas rend compte.
J'attendais encore autre chose de toi.
Si tu veux tu n'as qu'à faire le décompte.
Mais hélas, tu te trompes à chaque fois.

© 2017, Steven Trotoux

Edition : Books on Demand,
12/14 rond-Point des Champs-Elysées, 75008 Paris
Impression : BoD - Books on Demand, Norderstedt, Allemagne
ISBN : 9782322158911
Dépôt légal : Juin 2017